In früheren Zeiten entzündete man Kerzen aus [illegible] dienten neben Fackeln, Öl- und Talglampen als [illegible] dung der Glühbirne haben Kerzen diese Bedeutu[illegible]ennoch werden allein in Deutschland jedes Jahr über 100.000 Tonnen davon produziert. Was ist es, das uns an dem flackernden Licht der Kerze fasziniert? – Es mag die wohlige Wärme sein, die die tanzende Flamme abgibt, oder auch der sanfte Schein, der Gemütlichkeit und Entspannung bringt. Gleichzeitig wirkt Kerzenlicht sehr festlich. Mit Kerzen auf einer schön gedeckten Tafel schaffen wir eine feierliche Atmosphäre.

Ein besonderes Geschenk sind individuell verzierte Kerzen. Nicht nur am Festtag selbst bereiten sie Freude. Sie werden oft als wertvolle Erinnerung sorgsam aufbewahrt und jedes Jahr am Tag des Jubiläums neu entzündet. Für einen Moment schwelgen wir dann ganz in der Erinnerung.

Ich wünsche Ihnen viel Freude beim Verzieren der Kerzen und ein gelungenes Fest!

1
2
3
4
5
6
7
8
9
10
SARA
MIA

Vom Schnuller bis zur Schulzeit zeigt die Lebenskerze verschiedene Stationen der Kindheit.

Hurra, du bist da!

Schönes zur Geburt

MOTIVHÖHE
ca. 8 cm, 15 cm und 35 cm

MATERIAL SCHMETTERLING

* quadratische Kerze in Weiß, 8 cm breit, 15 cm hoch
* Verzierwachsplatten in Mintgrün, Hellgrün, Violett, Hellviolett, Hellblau, Rosa und Gelb
* flache Wachszierstreifen in Gold und Silber, 1 mm breit
* Wachszierstreifen mit Perlmuster in Silber, 2 mm breit
* Motivlocher: kleine Blume, ø 1,6 cm
* Strasssteine in 2 x Rot, ø 3 mm, 3 x Blau, ø 5 mm und 9 x Kristall, ø 3 mm
* Klebebuchstaben in Silber, 1 cm hoch

LEBENSKERZE

* Kerze in Weiß, ø 10 cm, 35 cm hoch
* Verzierwachsplatten in Transparent, Hellblau, Blau, Gelb, Hautfarbe, Orange, Rosa, Hellviolett, Hellgrün, Lila, Schwarz, Silber matt, Weiß, Türkis und Rot
* flache Wachszierstreifen in Silber, 1 mm breit

VORLAGE
Bogen 1A

Schmetterling

1 Die Wiesenstreifen ausschneiden, aufsetzen und mit Wachszierstreifen dekorieren. Die weißen Strasssteine in das Wachs drücken.

2 Der Schmetterling besteht aus verschiedenen Einzelteilen, die aufeinandergesetzt und mit Wachsstreifen und Strasssteinen geschmückt werden. Die Klebeschrift im unteren Bereich der Kerze anbringen.

Lebenskerze

1 Das transparente Rechteck zuschneiden und auf die Vorlage legen (evtl. mit etwas Klebefilm befestigen). Mithilfe der durchscheinenden Vorlage können die farbigen Streifen und die Zahlen aus Wachsstreifen leicht platziert und gestaltet werden.

2 Die einzelnen Motive bestehen aus verschiedenen Einzelteilen, die aufeinander- oder ganz dicht nebeneinandergesetzt und mit Wachsstreifen geschmückt werden. Jedes wird auf einem transparenten Stück Verzierwachs zusammengefügt und danach mit einer Nadel ausgeschnitten und auf der Kerze positioniert.

Hinweis: Bei einer Kerze für ein Mädchen können Sie das Auto weglassen und die Puppe ergänzen. Sie wird wie bei der Kerze auf Seite 30 beschrieben angefertigt. Die Vorlage finden Sie auf Bogen 1A.

Beim Klapperstorch bestellt

Namenskerzen für die Allerkleinsten

MOTIVHÖHE
ca. 10 cm und 20 cm

MATERIAL

KLAPPERSTORCH

* Kerze in Weiß, ø 12 cm, 20 cm hoch
* Verzierwachsplatten in Weiß, Rot, Gold glänzend, Perlmuttrosa und Perlmutthellblau
* Kerzenmalmedium und Acrylfarbe in Blau, Weiß und Schwarz
* Motivlocher: Blume, ø 1,6 cm
* 3 Acrylhalbperlen in Hellblau gefrostet, ø 5 mm
* 3 Strasssteine in Kristall, ø 3 mm
* runde Wachszierstreifen in Gold und Silber, 1 mm breit
* Klebebuchstaben in Gold, 1,5 cm hoch

BÄRCHEN

* Kerze in Weiß, ø 12 cm, 10 cm hoch
* Verzierwachsplatten in Weiß, Rot, Perlmuttweiß und Perlmuttrosa
* flache Wachszierstreifen in Silber, 1 mm breit
* Motivlocher: Blume, ø 1,6 cm
* 3 Acrylhalbperlen in Rosa gefrostet, ø 5 mm
* Kerzenmalmedium und Acrylfarbe in Schwarz und Hellviolett (oder Wachsstift)
* Klebebuchstaben in Gold, 1,5 cm hoch

VORLAGE
Bogen 1B

Klapperstorch

1 Die zwei perlmuttblauen Hintergrundflächen ausschneiden. Die schmalere Wachsplatte wird mit blauer und weißer Acrylfarbe betupft. Nach dem Trocknen auf die Kerze setzen. Am Übergang einen silbernen Zierstreifen anbringen.

2 Alle Teile des Storches zuschneiden. Das Paket bekommt hellblaue Acrylfarbe-Punkte, das Auge wird mit schwarzer Farbe aufgesetzt. Gleichmäßig rund werden die Punkte, wenn Sie die Farbe mit dem Pinselstiel auftupfen.

3 Das Motiv auf der Kerze zusammensetzen. Für die Beine goldene Wachszierstreifen verwenden. Auf der Krone Strasssteine befestigen. Die Blümchen mit einem Motivlocher ausstanzen und mit Halbperlen als Blütenmitten aufdrücken. Die Buchstaben anbringen.

Bärchen

1 Die ganze Kerze mit einem hellvioletten Hintergrund betupfen. Gut trocknen lassen. Währenddessen das rosafarbene Rechteck sowie die Einzelteile des Bären ausschneiden. Seine Schnauze ist perlmuttweiß.

2 Das Schild anbringen und mit Zierstreifen rahmen. Dann das Bärchen zusammensetzen und die Details mithilfe eines dünnen Pinsels mit schwarzer Acrylfarbe aufmalen. Zum Aufsetzen der Augen den Pinselstiel verwenden.

3 Die Blümchen mit einem Motivlocher ausstanzen und mit Strasssteinen als Blütenmitten aufdrücken. Die Buchstaben aufkleben.

Mein Tipp für Sie

Längere und kürzere Namen Legen Sie die Buchstaben vor dem Zuschneiden des Schildes für die Bärchenkerze zurecht und messen Sie die Länge des Namens aus. Geben Sie noch 1–2 cm links und rechts dazu, damit es nicht zu gedrängt aussieht. Oder Sie verwenden schmaler laufende bzw. kleinere Buchstaben.
Bei kürzeren Namen können Sie die Schildlänge verringern und die Blumen weiter hineinsetzen.

MIRKO
ANDREA

Zoe
9.6.10
Oliver
6.3.09
Luca
5.1.09

Dem Täufling alles Gute

Gesundheit, Glück und ein langes Leben

MOTIVHÖHE
ca. 40 cm

MATERIAL

KREUZ UND BLUME

* Stabkerze in Weiß, ø 4 cm, 40 cm hoch
* Verzierwachsplatten in Weiß, Hellviolett, Gold glänzend und Perlmuttrosa
* runde Wachszierstreifen in Gold, 1 mm breit
* 2 Strasssteine in Weiß, ø 5 mm
* Mosaikstein in Glitterrosa
* Klebebuchstaben und -zahlen in Gold, 1 cm hoch

BLUMENRANKEN

* Stabkerze in Weiß, ø 4 cm, 40 cm hoch
* Wachsplatten in Weiß, Gold matt und Hellgrün
* Motivlocher: Blume, ø 1,6 cm
* runde Wachszierstreifen in Gold, 1 mm breit
* Klebebuchstaben und -zahlen in Gold, 1 cm hoch

TAUBE, PAX CHRISTI UND FISCH

* Stabkerze in Weiß, ø 4 cm, 40 cm hoch
* Verzierwachsplatten in Weiß, Hellblau und Perlmutttürkis
* Kerzenmalmedium und Acrylfarbe in Blau, Schwarz und Weiß
* runde Wachszierstreifen in Gold, 1 mm breit
* Wachsmotiv in Gold: Pax Christi, 5,5 cm hoch
* Strassstein in Kristall, ø 5 mm
* Klebebuchstaben und -zahlen in Gold, 1 cm hoch

VORLAGE
Bogen 1B

Kreuz und Blume

1 Das perlmuttrosafarbene, hellviolette und weiße Viereck zuschneiden und auf die Kerze setzen. Mit Zierstreifen einfassen. Auch Kreuz, Alpha und Omega sowie die Wellen mit Zierstreifen legen. In den Mittelpunkt des Kreuzes ein Strasssteinchen drücken.

2 Die Blüte ausschneiden und mit einem Strassstein in der Mitte auf die hellviolette Fläche drücken. Auf die rosafarbene Fläche den goldenen Streifen auflegen und mittig einen Mosaikstein anbringen. Die Beschriftung ergänzen.

Blumenranken

Die Wachszierstreifen rundum an die Kerze legen und andrücken. Den Anfang zu einer Spirale formen. Entlang der Linie kleine hellgrüne Blätter legen. Die Blümchen mit dem Motivlocher ausstanzen und auf die Kerze setzen. Als Blütenmitten kleine goldfarbene Kügelchen formen und aufdrücken. Die Beschriftung komplettiert die Verzierung.

Taube, Pax Christi und Fisch

1 Wie bei der ersten Kerze beschrieben zuerst die Hintergrundflächen aufsetzen. Für die blaue wurde eine Wachsplatte mit Acrylfarbestreifen bemalt.

2 Die Motive zuschneiden, auf die Kerze setzen und mit Zierstreifen einfassen. Damit auch Übergänge kaschieren und die Wellen im unteren Farbfeld legen. Die Augen mithilfe des Pinselstiels mit Acrylfarbe aufsetzen. Das Pax-Christi-Symbol ergänzen und mit einem Strassstein schmücken. Die Beschriftung anbringen.

Gottes Segen und gute Wünsche

zu Kommunion, Konfirmation und Firmung

MOTIVHÖHE
ca. 20 cm

MATERIAL

TAUBE UND SONNE

* Flachkopfstumpen in Weiß, ø 8 cm, 20 cm hoch
* Verzierwachsplatten in Gold matt, Hellgrün, Blau, Perlmuttweiß und Perlmutthellblau
* Acrylfarbe in Schwarz
* runde Wachszierstreifen in Gold, 1 mm breit
* 8 Glashalbperlen in Weiß, ø 3 mm
* Klebebuchstaben in Silber, 1 cm hoch

LEUCHTTURM

* Flachkopfstumpen in Weiß, ø 8 cm, 20 cm hoch
* Verzierwachsplatten in Gold matt, Türkis, Blau, Hellblau, Weiß und Perlmuttrot
* runde Wachszierstreifen in Gold, 1 mm breit
* Wachszierstreifen mit Perlmuster in Gold, 2 mm breit
* Kerzenmalmedium und Acrylfarbe in Weiß und Blau
* Glashalbperle in Türkis, ø 6 mm
* Klebebuchstaben in Silber, 1 cm hoch

VORLAGE
Bogen 1A

Taube und Sonne

1 Den goldenen Kreis aufsetzen und mit Wachszierstreifen dekorieren. Die Glashalbperlen auf den Stahlen anbringen.

2 Das hellblaue Rechteck um die Kerze legen und die blauen sowie den hellgrünen Streifen ansetzen. Die Taube ausschneiden, aufsetzen und mit Zierstreifen gestalten. Das Auge mit Acrylfarbe mit dem Pinselstiels aufsetzen. Den Zweig legen und die Blätter ansetzen. Die Beschriftung anbringen.

Leuchtturm

1 Ein Stück hellblaue Wachsplatte mit weißen und blauen Streifen bemalen. Gut trocknen lassen, dann zuschneiden und als Wasser aufsetzen. Darüber den gewellten goldenen Sockel des Leuchtturms platzieren. Den weißen Turm anbringen und mit hellblauen und blauen Trapezen und dem halbrunden Dach gestalten.

2 Die Motivteile der Fische auf der Kerze zusammenfügen. Die Glashalbperle mit einem Wachsklebeplättchen befestigen. Alle Zierstreifen abringen und die Kerze nach Belieben beschriften. Auf der Rückseite kann ein Spruch, z. B. „Jesus, der Leuchtturm Gottes“, und das Datum der Feier stehen.

Meine Lieblingssprüche für Sie

So wie der Himmel seinen Segen
auf blühende Gefilde streut,
so streue Gott auf deinen Wegen
den Segen der Zufriedenheit!

Kennst du den Stern
der durch das Leben glänzet,
der jede Freude,
jeden Schmerz bekränzet,
der Blumen bringt,
wenn auch der Frühling flieht,
der fort und fort
in gleicher Schönheit glüht?
O, hüt ihn, dass kein Zweifel
ihn dir raube:
Es ist dein höchstes Glück,
es ist der Glaube.

JAN

Ein ganz persönliches Geschenk

zur heiligen Kommunion

MOTIVHÖHE
ca. 40 cm

MATERIAL

KELCH, HOSTIE UND FISCHE
* Stabkerze in Weiß, ø 5 cm, 40 cm hoch
* Verzierwachsplatten in Gold matt, Hellblau, Perlmuttweiß und Beige-Gold gestreift
* Kerzenmalmedium und Acrylfarbe in Blau
* runde Wachszierstreifen in Gold, 1 mm und 3 mm breit
* Wachsdekor: 2 x Ähre, 1 x IHS, je 3 cm hoch
* Strassstein in Kristall, ø 5 mm
* Klebebuchstaben in Gold, 8 mm hoch

REGENBOGEN, KREUZ UND REBE
* Stabkerze in Weiß, ø 5 cm, 40 cm hoch
* Wachszierstreifen in Regenbogenfarben, 2 mm breit
* Glasnugget in Kristall, ø 6 mm
* Verzierwachsplatten in Perlmuttweiß, Silber marmoriert, Hellgrün, Hellviolett, Violett, Hellblau und Blau
* runde Wachszierstreifen in Gold, 1 mm, und Silber, 3 mm breit
* Metallicpulver in Gold
* Wachsdekor: Taube, 3,5 cm hoch
* Klebebuchstaben und -zahlen in Silber und Gold, 8 mm hoch

VORLAGE
Bogen 2A

Kelch, Hostie und Fische

1 Die Rechtecke aus der hellblauen und weißen Wachsplatte ausschneiden und aufsetzen. Für die Wasserfläche die Wachsplatte mit blauen Acrylfarbestreifen bemalen und nach dem Trocknen in geschwungenen Linien in mehrere Teile zerschneiden. Diese mit ca. 1 mm Abstand zueinander aufsetzen.

2 Die gold-beige gestreifte Wachsplatte entgegen dem Musterverlauf in schmale Streifen schneiden, so dass ein Karomuster entsteht. Ober- und unterhalb der weißen Fläche um die Kerze legen und die Zierstreifen ergänzen. Das Christusmonogramm mittig im weißen Feld platzieren.

3 Den Kelch mit einem Strassstein am Stiel aufsetzen. Darüber die Hostie anbringen. Die unterschiedlich langen Ähren ins blaue Feld darüber setzen.

4 Am oberen Kelchrand einen schmalen, am Fuß und unterhalb des Namens einen breiten Streifen verwenden. Bei längeren Namen können die Zierstreifen verlängert und als eine Art Rahmen des Schriftfeldes um die Kerze herumgeführt werden.

5 Die Fische zuschneiden, aufsetzen und mit Zierstreifen die Linien legen.

Regenbogen, Kreuz und Rebe

1 Das silberfarbene Rechteck auf die Kerze setzen und darüber das Kreuz anbringen. Dieses wird mit runden Wachzierstreifen eingefasst und mit einem Nugget in der Mitte geschmückt.

2 Oberhalb des Feldes die goldenen und regenbogenfarbenen Streifen fixieren. Die Taube und den Namen ergänzen.

3 Unterhalb des Kreuzes die Rebe setzen. Die Adern im Blatt werden mit einer Nadel eingeritzt. Äste und Ranke aus Zierstreifen legen. Die Traube wird aus kleinen hellvioletten, violetten, hellblauen und blauen Kügelchen zusammengesetzt.

4 Das Bild mit einem breiten Zierstreifen abschließen, der um die Kerze herumgeführt wird. Darunter kann weitere Schrift angebracht werden. Zuletzt mit einem ganz leicht angefeuchteten Pinsel Weintraube, Blatt und Taube sanft mit Metallicpulver bestreichen.

Hinweis: Längere Namen sollten Sie zuvor zur Probe auslegen, abmessen und mittig aufsetzen. So bleibt die Gestaltung harmonisch.

LILLY
NICO
6.5.2009

Yin und Yang

ergänzen einander

MOTIVHÖHE
ca. 28 cm

MATERIAL
* Yin-Yang-Kerze in Weiß, 28 cm hoch
* Verzierwachsplatten in Hellgrün und Perlmuttweiß
* je 4 Glashalbperlen in Creme, ø 6 mm und 3 mm
* Klebebuchstaben in Gold, 1 cm hoch
* Klebezahlen in Gold, 8 mm hoch

VORLAGE
Bogen 2B

1 Die Linien wie bei den TOPP-Tipps beschrieben auf jedes Kerzenteil übertragen.

2 Lange hellgrüne Wachsstreifen zuschneiden und auf den Bleistiftlinien befestigen. Daran die Blätter setzen.

3 Die Blüten zuschneiden. Die ganzen Blüten können auch schnell und einfach mit einem Motivlocher ausgestanzt werden. Ihre Mitte schmückt eine große Halbperle, an die Knospen werden kleine Halbperlen gesetzt.

4 Die Ringe aus Wachszierstreifen formen und die Kerze beschriften.

Zarte Blumenranken

für ein einmaliges Fest

Kerze mit Blütenranken

1 Die schlicht-edel gestaltete Scheibenkerze ist schnell gemacht. Die Linien wie bei den TOPP-Tipps beschrieben auf die Kerze übertragen und mit Wachszierstreifen nachlegen. Einige Strasssteine darauf anbringen.

2 Die Blüten ausschneiden und eng beieinander auf der Kerze befestigen. Die Blütenblätter leicht nach außen biegen. In die Mitte Halbperlen setzen.

3 Das silberfarbene Herzchen aus Verzierwachs ausschneiden und zwischen den Namen anbringen.

Kerze mit Blütenband

1 Das Rechteck sowie die Streifen ausschneiden und eng aneinander platziert auf der Kerze anbringen.

2 Das Rankenmuster mit Blüten wie oben beschrieben auf die Kerze setzen und mit Strasssteinen und Halbperlen schmücken. Die Beschriftung anbringen. Die Eheringe aus Zierstreifen formen.

MOTIVHÖHE
ca. 28 cm

MATERIAL
* Scheibenkerze in Weiß, ø 14 cm, oder Stumpenkerze, ø 7 cm, 20 cm hoch
* Verzierwachsplatten in Silber, Perlmuttlila und Perlmutttürkis
* runde Wachszierstreifen in Silber, 1 mm breit
* Strasssteine in Kristall, ø 3 mm
* Acrylhalbperlen in Weiß oder Rosa irisierend, ø 6 mm
* Klebebuchstaben und -zahlen in Silber, 1 cm hoch

VORLAGE
Bogen 1B

Lucy Luis
16.3.09
KIM · LEO
10.6.09

Feiern mit Stil

und viel Gefühl

MOTIVHÖHE
ca. 15 cm und 20 cm

MATERIAL

TAUBEN

* ovale Kerze in Weiß, 13,5 cm breit, 15 cm hoch
* Verzierwachsplatten in Rot, Gold glänzend, Hellblau und Perlmuttweiß
* Motivlocher: Blume, ø 1,6 cm
* runde Wachszierstreifen in Gold, 2 mm breit
* Malerkrepp, 1 cm und 3 cm breit
* Kerzenmalmedium und Acrylfarbe in Hellblau und Gold
* Klebebuchstaben und -zahlen in Gold, 1 cm hoch
* Klebe-Doppelringe in Gold, 1,5 cm hoch

ORNAMENTE

* ovale Kerze in Weiß, 13,5 cm breit, 20 cm hoch
* Verzierwachsplatten in Rot, Gold matt und Weiß
* runde Wachszierstreifen in Gold, 1 mm breit
* Kerzenmalstift in Gold
* Klebebuchstaben in Gold, 1 cm hoch
* Klebezahlen in Gold, 8 mm hoch

VORLAGE
Bogen 2A

Tauben

1 Die Flächen, die unbemalt bleiben sollen, mit Malerkrepp abkleben, dann den Rest in Blau und Gold mit einem flachen Pinsel bemalen. Das Kreppband unmittelbar danach abziehen und die Farben trocknen lassen. Oder Sie gestalten die Flächen mit passend zugeschnittenen Wachsplatten.

2 Die weißen Streifen zuschneiden und mit gleichmäßigen Abständen auf der goldenen Fläche anbringen. Den Wachszierstreifen darübersetzen und mit ausgestanzten Blümchen versehen. In die Mitte hellblaue Wachskügelchen drücken.

3 Die Tauben und das Herz ausschneiden und auf dem hellblauen Hintergrund anbringen. Die goldfarbenen Schnäbel ergänzen. Die Augen mit der Rückseite eines Pinselstiels oder einem Zahnstocher aufsetzen. Die Beschriftung und die Eheringe anbringen.

Ornamente

1 Für die helle Hintergrundfläche eine weiße Wachsplatte dünn mit goldener Farbe aus dem Kerzenmalstift betupfen. Gut trocknen lassen.

2 Dann die Quadratformen ausschneiden. Das Rankenmotiv mit Transparentpapier darauf übertragen und die Ornamente mit dünnen, zugeschnittenen Wachsstreifen legen. Die Blätter ergänzen.

3 Das goldene Quadrat mit dem Herz verzieren. Alle Motivteile auf der Kerze anbringen und diese nach Belieben beschriften.

Die verspielten Blümchen und schwungvollen Ornamente sehen auch auf Karten oder schlichten Teegläsern hübsch aus. Das ornamentale Muster können Sie dann mit einem weißen Lackmalstift aufmalen.

Von Herzen alles Liebe

dem frisch vermählten Paar

MOTIVHÖHE
ca. 19 cm

MATERIAL
* ellipsenförmige Kerze, 12 cm breit, 19 cm hoch
* Verzierwachsplatten in Schwarz, Silber matt, Gold matt, Rot und Perlmuttweiß
* runde Wachszierstreifen in Gold, 1 mm breit
* Strassstein in Kristall, ø 5 mm
* Acrylfarbe in Schwarz

VORLAGE
Bogen 2A

1 Die Linien wie bei den TOPP-Tipps beschrieben auf die Kerze übertragen. Die farbigen Wachsflächen gemäß Vorlage zuschneiden und auf die Kerze setzen. Die Linien mit Wachszierstreifen ergänzen. Für saubere Abschlüsse werden die Wachszierstreifen z. T. schräg abgeschnitten.

2 Die Blume ausschneiden und mit einem Strassstein in der Mitte aufsetzen. Schön sieht es aus, wenn die Blätter leicht nach oben gebogen werden. Die Augen mithilfe des Pinselstiels aufsetzen.

Verliebtes Paar

elegante Schwäne

1 Den Hintergrund mit weißer und hellblauer Acrylfarbe bemalen. Die Farbe mit einem dicken Pinsel auftupfen. Unten mit Blau beginnen und nach oben hin mit Weiß auslaufen lassen.

2 Die untere Auflage aus der türkisfarbenen Wachsplatte ausschneiden und aufsetzen. Darüber die zwei Schwäne platzieren. Schnabel und Augenpartie werden vor dem Aufsetzen mit einem feinen Pinsel mit Acrylfarbe aufgemalt. Die Augen bilden Acrylhalbperlen.

3 Leicht über den Schwänen die hellblauen Streifen, das Wasser, anbringen. Um diesen mehr Struktur zu verleihen, können sie vor dem Aufsetzen leicht mit silberner und blauer Acrylfarbe betupft werden. Gut trocknen lassen.

4 Die Anfangsbuchstaben des Paares werden aus Ziersteifen gelegt. Das Übertragen der Linien wird in den TOPP-Tipps zu Beginn des Buches erklärt. Auf dem Vorlagenbogen finden Sie das ganze Alphabet.

MOTIVHÖHE
ca. 17 cm

VORLAGE
Bogen 1A

MATERIAL
* Scheibenkerze in Weiß, ø 17 cm breit
* Verzierwachsplatten in Weiß, Hellblau und Perlmutttürkis
* runde Wachszierstreifen in Gold, 1 mm breit
* Kerzenmalmedium und Acrylfarbe in Schwarz, Weiß, Blau, Silber, Gelb und Orange
* 4 Acrylhalbperlen in Weiß, ø 3 mm

Ute
25
ELKE
GERD
50

Etappen der Gemeinsamkeit

zur Silbernen und Goldenen Hochzeit

MOTIVHÖHE
ca. 20 cm

MATERIAL

SILBERNE HOCHZEIT

* Flachkopfstumpen, ø 10 cm, 20 cm hoch
* Verzierwachsplatten in Weiß, Silber glänzend und Perlmutt-hellblau
* Taubenpaar, 3,5 cm hoch
* Klebezahl in Silber, 2 cm hoch
* runde Wachszierstreifen in Silber, 1 mm breit
* Klebebuchstaben in Silber, 1 cm hoch
* Metallicpulver in Silber

GOLDENE HOCHZEIT

* Flachtropfenkerze, 13 cm breit, 20 cm hoch
* Verzierwachsplatten in Creme, Gold glänzend und Hellgrün
* runde Wachszierstreifen in Gold, 1 mm breit
* Wachsbuchstaben und -zahlen in Gold, ca. 1 cm hoch

VORLAGE
Bogen 1B

Silberne Hochzeit

1 Die drei Teile des Herzens aus hellblauem und weißem Verzierwachs zuschneiden und auf der Kerze anbringen. Für den unteren Rand von der langen Seite des Verzierwachses einen Streifen abschneiden und ihn um die Kerze legen.

2 Die Spiralen mit Transparentpapier auf das weiße Mittelstück übertragen und mit Wachszierstreifen legen. Die Blätter zuschneiden und ansetzen. Das Herz danach mit Zierstreifen einfassen.

3 Das Taubenpaar aufsetzen und mit einem weichen, leicht angefeuchteten Pinsel mit etwas Silberpuder veredeln. Die Beschriftung anbringen. Wenn die Namen zu lang sind, kann die Beschriftung zusammen mit dem Datum der Feier auf der Rückseite angebracht werden.

Goldene Hochzeit

1 Die dreiecksförmige weiße Hintergrundfläche und den goldenen Randstreifen ausschneiden und auf die Kerze setzen.

2 Den Lebensbaum aus Zierstreifen formen: zuerst das mittlere Stück anbringen, dann die anderen seitlich anlegen. Zum Teil noch Zweige ansetzen. Die kleinen Blätter werden mit der Nadel oder dem Cutter ausgeschnitten.

3 Das weiße Herz wird doppelt zugeschnitten, damit die Hintergrundfläche nicht durchscheint, und unterhalb des Baumes aufgesetzt. Aus ihm wächst der Baum und es verbindet die Namen des Paares. Die Beschriftung ergänzen.

Die Spirale ist in allen Kulturen zu finden, sie ist das uralte Symbol für Schöpfung.

Edle Wachsbuchstaben und -zahlen zieren die Kerze zur Goldenen Hochzeit (rechts).

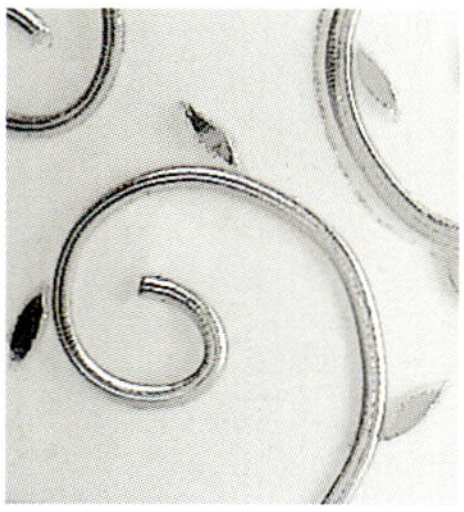

Ein Herzchen entzückender als das andere!

Die ansprechenden Herzen können auch alle eine einzige Würfelkerze schmücken.

Ein Herzchenmeer

für die beste Mama der Welt

MOTIVHÖHE
ca. 7,5 cm

MATERIAL

* quadratische Kerzen in Weiß, 7,5 cm groß
* Verzierwachsplatten in Rosa, Grün und Rot
* runde Wachszierstreifen in Gold, 1 mm breit
* Kerzenmalstift in Perlmuttweiß
* Strasssteine in 3 x Rot und 1 x Weiß, ø 3 mm
* Motivlocher: Blume, ø 1,6 cm

VORLAGE
Bogen 1B

1 Der Hintergrund sieht schöner aus, wenn Sie die Fläche perlmuttweiß bemalen. Die Wachsfarbe auf einen Teller geben und mit einem dicken Borstenpinsel auf die Kerzen tupfen. Gut trocken lassen.

2 Die Herzen gestalten. Für die vordere Kerze die Linien der Herzchenform wie bei den TOPP-Tipps beschrieben auf die Kerze übertragen. Das Herz mit Wachsstreifen legen und mit Blättern schmücken. Das kleine Herz in die Mitte setzen.

3 Das Herz mit Streifen und das mit Schnörkel aus einer rosafarbenen bzw. roten Wachsplatte zuschneiden. Das Muster in der jeweils anderen Farbe aufsetzen. Das gestreifte Herz wirkt mit dem goldenen Zierstreifen und den in gleichmäßigem Abstand aufgesetzten Strasssteinen besonders feierlicher.

4 Bei der vierten Kerze sitzt ein ausgestanztes Blümchen auf einem Zweig aus Zierstreifen und zugeschnittenen Blättern. In die Blütenmitte das Strasssteinchen drücken.

„Der Muttertag ist mir heilig."

Der Muttertag ist in Italien, wo ich herkomme, sehr wichtig. Ich nenne es einen „heiligen Tag". Ich halte den Tag immer für meine Mama frei, nie würde ich einen Termin auf diesen Tag legen! Wir gehen dann zusammen essen und nehme uns viel Zeit, einander Neues zu erzählen.

Ein Stück vom Himmel

edel gestaltete Geburtstagskerzen

MOTIVHÖHE
ca. 20 cm

MATERIAL

ANMUTIGE BLÜTE

* Flachtropfenkerze, 13 cm breit, 20 cm hoch
* Verzierwachsplatten in Weiß und Hellblau
* Kerzenmalstifte in Silber und Blau
* flache Wachszierstreifen in Silber, 1 mm breit
* Klebezahl in Silber, 2 cm hoch
* 3 Glashalbperlen in Weiß, ø 6 mm

HIMMELBLAU UND GOLD

* flache Rechteckkerze, 8,5 cm breit, 20 cm hoch
* Verzierwachsplatten in Creme, Hellblau, Gold matt und Gold geflammt
* Acryl-Mosaiksteine in Gold und Glitterhellblau, 1 cm x 1 cm
* Kerzenmalstifte in Gold, Silber und Blau
* runde Wachszierstreifen in Gold, 1 mm breit
* Glashalbperle in Weiß, ø 6 mm
* Klebezahl in Gold, 2 cm hoch

VORLAGE
Bogen 2B

Anmutige Blüte

1 Die hellblaue Wachsplatte mit einem Borstenpinsel leicht mit silberner und blauer Farbe aus den Kerzenmalstiften betupfen. Die Motivteile ausschneiden und auf der Kerze anbringen.

2 Den silbernen Zierstreifen auflegen und die Blätter ansetzen. Dann dünne weiße Wachsstreifen zuschneiden und auf der blauen Fläche platzieren. Die Blüte und die Blätter ergänzen.

3 Die Innenlinien der Blüte mit Zierstreifen legen und die Halbperlen, eventuell mit Wachsklebeplättchen, fixieren. Die Zahl aufkleben. Der Name des Jubilars sowie das Festtagsdatum können auf der Rückseite angebracht werden.

Klare Linien

1 Die benötigten Motivteile zuschneiden. Die hellblauen Stücke mit einem Borstenpinsel leicht mit silberner und blauer Farbe aus den Kerzenmalstiften betupfen. Das cremefarbene Quadrat mit etwas goldener Farbe betupfen.

2 Zuerst die zwei senkrechten Streifen – hellblau und golden geflammt – anbringen. Darüber den waagerechten mattgoldenen Streifen setzen, auf diesen das helle Quadrat.

3 Die Mosaiksteine sowie die Halbperle aufsetzen und den Wachszierstreifen wellenförmig legen. Die Klebezahl ergänzen. Auf der Rückseite nach Belieben weitere Beschriftungen anbringen.

„Wie bin ich auf die Idee gekommen?“

Blau ist die mit Abstand beliebteste Farbe; bei Frauen ebenso wie bei Männern. Mit ihr werden viele positive Eigenschaften assoziiert: Harmonie, Sympathie, Freundschaft, Verlässlichkeit und Vertrauen zum Beispiel. Ich setze die Farbe gerne für schlicht-edle Gestaltungen ein. Sie vermittelt Ruhe und Eleganz und passt sowohl zum kühlen Silber als auch zum warmen Gold.

80
50

Blühende Pracht

erfreut zu vielen Anlässen

MOTIVHÖHE
ca. 10 cm und 23,5 cm

MATERIAL
CALLA UND ROSE

* ovale Kerze in Weiß, 6,5 cm breit, 23,5 cm hoch (Rose)
* ovale Kerze in Weiß, 9 cm breit, 22 cm hoch (Calla)
* Verzierwachsplatten in Grün, Weiß, zwei Beigetönen und Gelb (nur Calla)
* runde Wachszierstreifen in Gold, 1 mm breit
* Kerzenmalmedium und Acrylfarbe in Weiß, Hellgrün und Grün
* Malerkrepp, 1 cm breit
* feines Goldpulver

PRO KUGELKERZE

* runde Kerzen in Weiß, ø 10 cm
* Kerzenmalmedium und Acrylfarbe in Perlmuttweiß oder Hellgrün metallic
* Verzierwachsplatten in Weiß und Hellgrün oder Grün
* Irisglitter
* 6–7 Strasssteine in Weiß, ø 5 mm
* Metallicpulver in Silber

VORLAGE
Bogen 2B

Calla und Rose

1 Auf beiden Kerzen zuerst den Hintergrund aufmalen. Dazu die Fläche mit Malerkreppband abkleben und die Farbe mit einem weichen Pinsel in Streifen aufmalen. Das Kreppband wieder entfernen und die Farbe trocknen lassen.

2 Die Einzelteile der Blüte ausschneiden, auf der Kerze anbringen und mit goldenen Wachszierstreifen einfassen. Den Stiel aus der langen Seite einer grünen Wachsplatte ausschneiden und anbringen, dann die Blätter gestalten. Die Blattadern werden mit einer Nadel eingeritzt.

3 Mit Wachszierstreifen Schnörkel aufsetzen. Die Blütenblätter können mit einem weichen Pinsel und etwas Goldpulver betupft werden, das lässt sie edel schimmern.

4 Mit kleinen Blüten können auch Spitzkerzen dekoriert werden. Die Calla auf der Spitzkerze wird so gestaltet: Eine oben spitz zulaufende Wachsrolle für den Blütenstempel formen und auf das ausgeschnittene Blütenblatt legen. Dieses darum herumschlagen und unten etwas zusammendrücken. Das grüne Rechteck leicht schräg anlegen, um die Blüte führen, auf der Rückseite mit dem Fingernagel andrücken und den Überschuss abreißen.
Die Rose wird wie rechts beschrieben geformt.

Kugelkerzen

1 Der untere Teil der Kerze wird in der Gravurtechnik gestaltet. In die feuchte Farbe nach Belieben etwas Irisglitter einstreuen, dann gut trocknen lassen.

2 Nun werden die Röschen gestaltet: Das kleine Rechteck für die Blütenmitte locker aufrollen und unten zusammendrücken. Dann die Kreisformen darum herumlegen. Mit der Kleinsten beginnen. Zuletzt die Blüte unten zusammendrücken und die Blätter oben nach außen formen.

3 Zum Anbringen der Röschen werden in die Kerze mit einem Cutter ca. 6–7 mm große, trichterförmige Löcher gebohrt. Um diese herum werden die grünen Blätter befestigt. Deren Blattadern sind mit einer spitzen Nadel eingeritzt. Die Blüten in die Löcher setzen und mit einem Schaschlikstäbchen in der Mitte der Blüte ins Loch drücken.

4 Die Röschenblätter können an den Rändern mit etwas Silberpulver veredelt werden. Zuletzt die Strasssteine mit Klebeplättchen zwischen den Blüten anbringen.

Hinweis: Für das Formen der plastischen Calla und der Röschen brauchen Sie etwas Übung.

40

Frühlingserwachen

alles grünt und blüht

MOTIVHÖHE
ca. 6 cm bis 12 cm (Eierkerzen) und 21,5 cm

MATERIAL

LAMM

* Stumpenkerze in Weiß, ø 8 cm, 21,5 cm hoch
* Verzierwachsplatten in Hellblau, Hellgrün, Violett, Rosa und Perlmuttweiß
* runde Wachszierstreifen in Gold, 1 mm und 3 mm breit
* Klebezahlen in Gold, 1,2 cm hoch
* Kerzenmalstifte oder Acrylfarbe und Kerzenmalmedium in Hautfarbe und Schwarz
* Motivlocher: Blume, ø 1,5 cm
* 2 Blütenstempel in Weiß (Floristikbedarf)

EIERKERZEN

* Eierkerze in verschiedenen Größen in Weiß, Hellgrün und Violett
* Verzierwachsplatten in Hellgrün, Violett, Lila und Rosa
* runde Wachszierstreifen in Gold, 1 mm breit
* Motivlocher: Blume, ø 1,5 cm
* Blütenstempel in verschiedenen Farben (Floristikbedarf)

VORLAGE
Bogen 2B

Lamm

1 Das hellblaue Oval ausschneiden, aufsetzen und mit goldenen Wachszierstreifen einfassen.

2 Das Lamm aus einer weißen Wachsplatte ausschneiden. Die Spiralen mit einer Nadel einritzen. Ohren, Beine, Schnauze und Hufe mithilfe eines feinen Pinsels mit Acrylfarbe aufmalen. Das Lamm auf der Kerze anbringen. Den hinteren Teil noch nicht andrücken.

3 Die schmalen, violetten Streifen als Kreuz auf die Fahne setzen. Einen breiten Zierstreifen als Fahnenstange fixieren und die Fahne aufsetzen.

4 Der hellgrüne Band doppelt zuschneiden, damit der Untergrund nicht durchscheint, und schräg aufsetzen. Das Schwänzchen des Lammes leicht herüberschauen lassen. Es wird mit Blüten, die mit dem Motivlochers ausgestanzt werden, und der Jahreszahl geschmückt. Für die Blütenmitte den oberen Teil der Blütenstempel abschneiden und eindrücken.

Eierkerzen

1 Eine ganz schnelle Idee sind diese Eierkerzen mit Blumenschmuck. Die Blüten werden mit einem Motivlocher ausgestanzt. Nach Belieben kleine, ausgeschnittene Blätter ergänzen.

2 Als Blütenmitte können abgeschnittene Blütenstempel aus dem Floristikbedarf oder kleine Perlen eingedrückt werden.

3 Die Blüten können auch auf einem Wachszierstreifen angebracht werden, dessen Enden zu Spiralen geformt wird.

Mein Tipp für Sie

Last-Minute-Tischdekoration Mit ausgestanzten Blüten können Sie Spitzkerzen oder Teelichter dekorieren. Ohne viel Aufwand können Sie so Ihre Tafel ansprechend und individuell dekorieren.

2009

IN STILLER TRAUER

In stillem Gedenken

ein Abschied, aber kein Vergessen

MOTIVHÖHE
ca. 20 cm

MATERIAL
KREUZ UND ÄHREN
* Stumpenkerze in Weiß, ø 7 cm, 20 cm hoch
* Verzierwachsplatten in Silber matt und Gold glänzend
* je 2 Acryl-Mosaiksteine in Glittergold und Schwarz marmoriert, 1 cm x 1 cm
* runde Wachszierstreifen in Gold, 1 mm und 4 mm breit
* Glashalbperle in Weiß, ø 5 mm

KREUZ UND ROSEN
* Stumpenkerze in Weiß, ø 7 cm, 20 cm hoch
* Verzierwachsplatten in Weiß, Rot, Altrosa und Rot gestreift
* runde Wachszierstreifen in Gold, 1 mm breit
* Wachsborde in Gold: kleine Blätter
* Wachsdekor in Gold: Kreuz, 4 cm hoch
* Kerzenmalmedium und Acrylfarbe in Gold

KREUZ UND SPRUCH
* Stumpenkerze in Weiß, ø 7 cm, 20 cm hoch
* Verzierwachsplatten in Schwarz und Antiksilber
* runde Wachszierstreifen in Gold, 1 mm breit
* runde Wachszierstreifen in Gold, 3 mm breit
* Strasssteine in Kristall, 2 x ø 3 mm und 1 x ø 6 mm

VORLAGE
Bogen 2A

Kreuz und Ähren

1 Das Kreuz ausschneiden und auf die Kerze setzen. Mit silbernen Zierstreifen einfassen. Die Mosaiksteine mit Wachsklebeplättchen anbringen und in der Mitte ebenso eine Halbperle befestigen.

2 Die Ähren sind selbst gemacht, Sie können aber auch Fertigteile aus dem Hobbyfachhandel verwenden. Hier wurde der 4 mm breite Zierwachsstreifen in 5–6 mm lange Stücke geschnitten. Jedes Stück vorn und hinten zusammendrücken und überschüssiges Wachs abschneiden. Die so entstandenen Körner positionieren, mit der Nadel auf die Kerze drücken und dabei unten leicht einritzen.

3 Die goldenen Wachszierstreifen in Wellenlinien anbringen und die Ähren mit Stiel (Zierstreifen) und Blättern aufsetzen.

Kreuz und Rosen

1 Zwei Rechtecke, weiß und rot gestreift, ausschneiden. Die weiße Wachsplatte mit goldener Acrylfarbe betupfen und trocknen lassen. Beides auf der Kerze anbringen. Das helle Rechteck mit Zierstreifen einfassen und das Kreuz aufsetzen.

2 Die kleinen Blätter von den Borden abtrennen. Zierwachsstreifen in geschwungener Form auf der Kerze anbringen und die Blätter ansetzen.

3 Für die Rosen drei farbige Wachsrechtecke (weiß, rot und altrosa) übereinanderlegen und eng aufrollen. Daraus werden die 2–3 mm dicken Scheiben geschnitten.

Kreuz und Spruch

1 Die Schrift wird aus dünnen Wachszierstreifen gelegt. Dafür die Vorlage wie bei den TOPP-Tipps auf die Kerze übertragen. Die Strasssteine mit Wachsklebeplättchen aufsetzen.

2 Das Kreuz aus breiten Zierwachsstreifen formen und in der Mitte einen Strassstein eindrücken. Das Rechteck ausschneiden, mit dem Zweig verzieren und danebensetzen. Auf der Rückseite können weitere Schriftzüge angebracht werden.

Hand in Hand

fröhlich-bunter Reigen

1 Für die Gesichter, Arme und Beine eine weiße Wachsplatte gleichmäßig hautfarben bemalen. Die einzelnen Motivteile ausschneiden und gestalten: Für die Augen schwarze Wachsmalfarbe oder Acrylfarbe mit einem Schaschlikstäbchen aufsetzen. Für den Mund einen dünnen Pinsel und rote Farbe benutzen. Die Wangen mit einem Wattestäbchen und wenig Farbe röten. In die Kleidung mit der Nadel Muster ritzen. Gut trocknen lassen und alle benötigten Einzelteile ausschneiden.

2 Die Rasenfläche anbringen und mit einer Nadel ein Grasmuster einritzen. Die Figuren mithilfe der Vorlage positionieren und aufsetzen.

3 Über die Kinder den Regenbogen setzen. Dazwischen kann ein schöner Spruch aufgeklebt werden.

MOTIVHÖHE
ca. 20 cm

VORLAGE
Bogen 1A

MATERIAL

* ovale Kerze in Weiß, 13,5 cm breit, 20 cm hoch
* Verzierwachsplatten in Weiß, Blau, Hellblau, Rot, Orange, Gelb, Lila, Rosa, Türkis, Braun, Grün und Hellgrün
* Kerzenmalstift in Hautfarbe (oder Kerzenmalmedium und Acrylfarbe)
* Wachszierstreifen in Regenbogenfarben, 2 mm breit
* Klebeschrift in Silber, 8 mm hoch

Drei Elemente

edle Symbolkerze für viele Anlässe

MOTIVHÖHE
ca. 20 cm

VORLAGE
Bogen 2B

MATERIAL

* Stumpenkerze in Weiß, ø 7 cm, 20 cm hoch
* Wachsplatten in Perlmuttblau, Gold matt, Perlmutttürkis, Perlmuttweiß, Hellblau, Blau und 3 Lilatönen
* Kerzenmalstifte in Gelb und Orange
* runde Wachszierstreifen in Gold, 1 mm breit
* Acryl-Mosaikstein in Glittergold, 1 cm x 1 cm
* transparente Klebefolie
* Glashalbperle in Weiß, ø 6 mm
* Metallicpulver in Gold

1 Eine Schablone aus Klebefolie vorbereiten. Mit dem Zirkel einen Kreis auf das Schutzpapier zeichnen und ihn ausschneiden. Das Papier entfernen und die Folie auf der Kerze positionieren. Mit gelber und orangefarbener Farbe den Kreis austupfen. Die Schablone abnehmen und die Farbe trocknen lassen.

2 Das Kreuz und die Quadrate, zwei hellblaue und ein blaues, ausschneiden und auf der Kerze anbringen.

3 Die weiteren Verzierungen anfertigen: Die weiße Taube wird mit Zierstreifen eingefasst. In den Fischkörper mit der Nadel Schuppen einritzen. Das Tier auf dem Quadrat zusammensetzen und mit Zierstreifen verzieren. Unter das Tier das Wasser setzen und die Wellen aufkleben. Die Traube aus kleinen violetten und blauen Kreisen formen. Die Ranke aus einem Zierstreifen legen.

4 Nun die Zierstreifen im Kreuz anbringen und Mosaikstein und Halbperle mit Klebewachsplättchen befestigen. Ähre und Blatt zuschneiden und aufsetzen. Die Blattader wird mit einer Nadel eingeritzt. Die Motive mit einem leicht feuchten Pinsel mit Metallicpulver akzentuieren.

Pia Pedevilla lebt in Bruneck (Südtirol). Sie studierte Kunst in Gröden und Werbegrafik in Urbino. Seit Jahren ist sie im Bereich der Illustration und des Designs für Kinder tätig, entwirft Holz- und Stoffspielzeug, didaktische Spiele für Kinder im Vorschulalter, Lichtobjekte und Teppiche. Viele Jahre hat sie an der Grundschule mit Kindern gebastelt und gemalt. Heute leitet sie Fortbildungskurse für Lehrer, interessierte Erwachsene und Kinder. Im frechverlag hat sie mehrere Bücher über verschiedene Arbeitstechniken veröffentlicht. Auf ihrer Internetseite können Sie einen Blick in alle ihre Bücher werfen und erhalten Basteltipps sowie das aktuelle Kursangebot:

www.piapedevilla.com

DANKE!

Die Autorin dankt den Firmen efco (Rohrbach), Gütermann creativ – KnorrPrandell (Lichtenfels), Marianne Hobby (Judenburg) und Rayher (Laupheim) für die freundliche Bereitstellung der Materialien.

TOPP – Unsere Servicegarantie

WIR SIND FÜR SIE DA! Bei Fragen zu unserem umfangreichen Programm oder Anregungen freuen wir uns über Ihren Anruf oder Ihre Post. Loben Sie uns, aber scheuen Sie sich auch nicht, Ihre Kritik mitzuteilen – sie hilft uns, ständig besser zu werden.

Bei Fragen zu einzelnen Materialien oder Techniken wenden Sie sich bitte an unseren Kreativservice, Frau Erika Noll.
mail@kreativ-service.info
Telefon 0 50 52 / 91 18 58

Das Produktmanagement erreichen Sie unter:
pm@frechverlag.de
oder:
frechverlag
Produktmanagement
Turbinenstraße 7
70499 Stuttgart
Telefon 07 11 / 8 30 86 68

LERNEN SIE UNS BESSER KENNEN! Fragen Sie Ihren Hobbyfach- oder Buchhändler nach unserem kostenlosen Kreativmagazin **Meine kreative Welt**. Darin entdecken Sie vierteljährlich die neuesten Kreativtrends und interessantesten Buchneuheiten.

Oder besuchen Sie uns im Internet! Unter **www.frechverlag.de** können Sie sich über unser umfangreiches Buchprogramm informieren, unsere Autoren kennenlernen sowie aktuelle Highlights und neue Kreativtechniken entdecken, kurz – die ganze Welt der Kreativität.

Kreativ immer up to date sind Sie mit unserem monatlichen **Newsletter** mit den aktuellsten News aus dem frechverlag, Gratis-Bastelanleitungen und attraktiven Gewinnspielen.

IMPRESSUM

FOTOS: frechverlag GmbH, 70499 Stuttgart; lichtpunkt, Michael Ruder, Stuttgart (Titelseite, Stills, Material und Details); Pia Pedevilla, Bruneck (alle Arbeitsschrittfotos)

PRODUKTMANAGEMENT, TEXT UND LEKTORAT: Monique Rahner

GESTALTUNG: Petra Theilfarth

DRUCK: frechdruck GmbH, Stuttgart

Auflage: 5. 4.
Jahr: 2012 2011 2010 [Letzte Zahlen maßgebend]

ISBN 978-3-7724-3737-3 • Best.-Nr. 3737